JN437363

시는 삶의
진솔한 고백이다

시는 삶의 진솔한 고백이다

초판 1쇄 인쇄 2008년 4월 1일
초판 1쇄 발행 2008년 4월 5일

지은이 I 신정현
펴낸이 I 김태봉
펴낸곳 I 도서출판 띠앗
등 록 I 제4-414호

편 집 I 황은진, 김주영, 김미란
기 획 I 정종해, 김경임
일러스트 I 조시형
마 케 팅 I 박상필, 김명준
홍 보 I 이준혁

주소 I (우143-200) 서울시 광진구 구의동 243-22
전화 I (02)454-0492
팩스 I (02)454-0493
이메일 ddiat@ddiat.co.kr
홈페이지 www.ddiat.co.kr

값 6,000원
ISBN 978-89-5854-054-0 (03810)

시는 삶의 진솔한 고백이다

신정현 시집

도서출판 띠앗

차례

1. 분홍빛 연서

2. 사랑이란 늪

3. 고독은 낭만이 아니다

4. 달, 별 그리고 그리움

1

분홍빛 연서

봄의 화신

봄별이 살그머니
마른가지에 앉았다가
봄바람 따라
살랑 살랑
떠나간 자리에
몽울 몽울
새 희망이 돋는다

분홍빛 연서

겨우내 달아오른 그리움
누군가 속마음 알까 싶어
살그머니
푸른 잎 뒤에 숨는다

봄볕은 따뜻이
수줍은 마음을 부추기고
바람은 해실 해실 불어
마른 가슴을 흔든다

이 봄에는 움츠려 온
연분홍 가슴 열어
호젓한
소망 하나 이뤄 볼까나…

꽃 마음

조용히 들길을 거닐면
마음은 꽃 마음을 닮는다

닮는다는 것은
서로 같아지는 것

그리움이 나래치는 날
님 보고픈 마음을
고운 꽃술에 담고…

오늘은 간절히
나비 기다리는 꽃 마음 닮아
하얀 들꽃이 되련다

내 마음의 들녘

따스한 햇살이 대지를 어루만지니
화들짝 놀란 봄바람이
서둘러 겨울의 등을 떠민다

간간 부는 남풍에 수줍은 색시처럼
봄은 살며시 곁으로 찾아들고
외로움이 많은 가슴에서는
살포시 그리움 하나 고개 내민다

풀들은 흙을 헤집고
앞 다투어 푸른 새싹 틔우며
나무는 겨우 내내 참고 기다린
꿈이 담긴 꽃망울을 맺는다

들판에는 아지랑이 한들한들 춤추고
먼 산에는 바람이 해실해실 불어오니
쓸쓸한 내 마음 들녘에도
설레이는 새봄이 오려나 보다

아, 오는 봄에는 가슴으로 품어 온
소망의 씨앗 하나
아름다운 희망에 싹으로 돋아나길
덮어놓고 고대해 본다

잔인한 봄

잔설을 녹이는 봄의 햇살 아래
애정을 머금은
고독한 내 가슴속에도
아지랑이 피어오르듯
감당키 힘든 그리움이 뜬다

많은 욕심을 내지 않을지라도
누군가에게 향하는
그리움의 끝에는
봄날 새싹이 트이는 것처럼
마음 모를 사랑에 싹이 돋는다

그리움의 목마름이던가
가슴을 적실 수 없는 갈증은
다른 여지조차 허락하지 않는
잔인한 이 봄에 시작되는
긴 마음앓이의 예고편이다

사랑의 싹

나도 모르는 사이
가슴 안으로
가만 가만히 들어와
그리움을 뿌려 놓은 당신

당신이 뿌린 낱알이
사랑을 틔울 씨앗이라면
환희의 향기 듬뿍 담은
아름다운 꽃 피겠지만

행여라도 비바람 불어
열매 이루지 못하고
꽃잎 지는 날에는
아픈 상처만 남는다

당신 바라기 꽃

혼자 좋아서
그대를 바라보다가
어느새
나도 모르게
사랑으로 물들은 가슴

그대를 바라보노라면
꽃잎 활짝 열고 웃지만
그대가 곁에서 멀어지면
가슴 닫고 겪기 힘든
그리움으로 고개 떨군다

남모르게
그대를 바라보다가
혼자 좋아서
그대만을 바라보는
나는 당신 바라기 꽃…

자줏빛 연가

외로움이 많은 가슴속으로
안개처럼 스며든 그리움 있어
기다림의 자줏빛 마음 담고
애처롭게 핀 제비꽃입니다

수줍음이 많아 고개 숙여 피는
하잘 것 없는 작은 꽃이지만
가슴에는 그대 오시면 내어 줄
사모의 향기 가득 지녔답니다

간간 애끓게 하는 마음 밉지만
당신이 더러 찾아 주시어야
그리움 달아오른 자주색 가슴에
희망이란 열매를 맺을 수 있답니다

물망초

연보랏빛 작은 꽃
잊지 마세요
꽃말을 지닌
물망초

우리 모두들
세상 살아오면서
정 깊었던 사람과
사랑했던 사람들
어쩌다가
헤어져야 하기로서니
쉬 잊지는 마세요

먼 전설 속에
이별의 가슴 아픈
넋이 서리어 피운 꽃
물망초

꽃이 지기로서니
물망초인 걸
아름다웠던 추억과
정겹던 시절들
고이고이 기억하시고
헤어져 있다 하여도
부디 잊지는 마세요

달맞이꽃

돌보지 않아도
스스로 씨 뿌려
한결같이
꽃을 피운다

달빛이 좋아서
그리움 모아
밤에만 피어나는
작은 꽃송이

수줍음 많아
향기도 빛깔도
화사하지 않은
달맞이꽃

달 없는 밤
쓸쓸하게
홀로 지켜온 밤이
못내 안타까워서

별이 진
새벽하늘을
하염없이
바라보고 있다

앉은뱅이 꽃

방황을 멈추시고 나에게 오십시오
당신이 오시어야 비로소
사랑을 감추어 놓은 가슴에
아름다운 꽃을 피울 수 있답니다

뜨거운 가슴에 새롭게 돋는 싹
혹여 진실이 흔들릴 때에도
믿음으로 뿌리내려
당신이 허락하는 동산에 꽃피워
기쁨의 향기 듬뿍 뿌리겠습니다

다른 꽃들이 고개 들면 그늘에 가려
쉬 눈에 띄지 않는 작은 들꽃이지만
당신의 따스한 마음만 내어 주시면
가장 큰 행복의 씨앗을 키우는
열정의 꽃이 되겠습니다

당신의 뜰을 비워 주십시오
설움이 많은 앉은뱅이 꽃이기에
당신마저 모른 체하신다면
혼자는 꿈을 여물 수가 없답니다

해당화

바닷가 모래턱에
홀로 서 있는 해당화
세상에 수많은 사연들
모르는 척 있다가

파도처럼 밀려오는
외로움 견딜 수 없어
가슴에 붉게
꽃 한 송이 피운다

때늦게 피운 꽃
꽃잎은
저 멀리 수평선 넘어
불어오는 미지의 바람
설레임으로 맞는다

모순된 사랑

마른가지에 꽃망울은
따스한 봄볕에서
활짝 피어나겠지만
사랑은 설레이는 가슴에서
새록 돋는 그리움이다

가는 봄볕이 아련한 날
바람 불면 잔잔한 호수에
여울이 일 듯
외로움이 깔린 가슴에는
종일토록 그대 향한
그리움이 출렁인다

나는 허락도 없이
공허한 마음을 채우기 위해
그대를 사랑하는
모순을 저질렀습니다

님이시여

햇살 찬란한 봄날에
가지마다 설레임으로
그대 반겨 꽃눈을 피웁니다

긴 겨우살이 아우르면
망울 망울 피운 꽃눈은
그대를 사모하는 마음입니다

그대 오심이 기쁨이기에
꽃 잎 활짝 열고 반기니
온 누리에는 아지랑이도
흥겨워 춤을 춥니다

하지만 그대는 냉정하게
정해 놓고 떠날 봄이시니
남겨질 그리움이 혼자 서러워
그 앞에 꽃잎을 뿌리옵니다

바람에 흩날리는 꽃잎은
그대와 짧은 만남이 아쉬워
가지 말라고 호소하는
내 마음의 편지입니다

사랑의 홀씨

아무도 모르게
마음속으로 감추어 놓은
그리움의 씨앗이
그대 가슴속에서
사랑으로 싹 트기까지는
제게 가슴을 열어주십시오

나는 오늘도 하염없이
그대를 그리워하며
긴 밤을 잠 못 이뤄
애태우고 있습니다

오늘 아니 내일이라도
나의 진실이 담긴
사랑의 홀씨가
그대 따뜻한 가슴 한복판에
깊이 자리할 때까지는
가슴을 닫지 마십시오

오직 내 사랑은
그대 가슴에서만
흔들림 없는 나무로
영원히 뿌리내리고 싶습니다

홀로 별 따기

달빛 청청한 밤에
꿈이 새긴 별 하나 내려
영혼의 가슴 뜨락에
사랑이란 알갱이로 묻습니다

그리는 마음 돋을 때마다
가슴속으로는
숱한 고뇌와 아픔을 남길
상념의 낱알입니다

홀로 마음속에 묻어 놓고
그리워 하다가
그리워 하다가
열매 맺지 못할 그 정

작은 마음의 뜰에는
사모에 꽃 한 송이
다 피우지 못하고
애처로이 시듭니다

바람이라면

당신이 바람으로
나를 찾으신다면

나는 호수되어
덩실덩실 반겨
춤을 추겠습니다

당신이 바람이면
나는 호수

오늘도 내 마음은
바람 마음 따라
춤을 추는 호수입니다

나비가 되어

차라리 한 마리 나비가 되어
세파에서 얽히고 설켜
나를 속박하는 사슬들
모두 끊어 버리고
욕심도 번뇌도 미움도 모르는
바람의 무심함을 배워
머언 창공을 날고 싶다

날다 날다 지치면
예쁜 들꽃에 날개 접고 쉬면서
꽃술에 담긴 달콤한 꿀에
허기진 배를 채우고
해 저물어 어두워지면
향기 짙은 풀숲에 내려
깊은 잠 청하면 된다

햇살 찬란한 아침이 오면
하늘의 축복으로 내려 고인
영롱한 이슬로 목을 축이고
또다시 높이높이 날아올라
흐르는 바람결에 몸 실어
마음 가는 곳 따라
너울너울 날아가고 싶다

인연이라면

이 보시게나
차라리
우리가 구름이라면
서로 헤어져
달리 떠돌다가도
바람 따라
세상을
돌고 돌다보면
혹여
다시 또 만날 수도
있지 않겠나?

2

사랑이란 늪

사랑의 덫

내 가슴을
독차지하고 살다가
푸드득
둥지를 날아간 새처럼
그대는
아무 날이나
까닭 없이 떠나도
그만이다 하겠지만
나는
눈에 콩깍지 씌워
사랑이란 덫에
발목 잡혔으니
어느 곳도 날지 못하는
가련한 새입니다

상록수 사랑

신아의 믿음과
정아의 정직과
현아의 맑음으로

푸름이 시들지 않는
상록수처럼
변함없는 사랑을
당신에게 드립니다

늦깎이 사랑

먼 길 돌아 어렵게 만났으니
더 늦기 전에 나
당신과 함께하고 싶습니다

따뜻한 아랫목에 금침 깔아
알콩 달콩 뒤척이며
정다움을 다지고 싶습니다

머리에 서리꽃은 피었지만
진실을 익힌 남은 생
당신만 바라보고 싶습니다

아름다운 늦깎이 사랑으로
더 늙기 전에 둘이서
한 삼십년 죽 자고 싶습니다

나였으면

화려한 봄날에
들꽃피어 향기 풍성한 들길
정답게 그대 손잡고
나란히 걸을 수 있는 이가
나였으면 좋겠습니다

해질녘 노을 진 바닷가
조용한 찻집에서
헤이즐럿 커피 마시며
다정히 어깨 기대주는 이가
나였으면 좋겠습니다

간혹 깊은 상념에 잠겨
아름다웠던 추억이
아련히 그리워 질 때
눈앞에 아른거리는 이가
나였으면 좋겠습니다

아주 먼 훗날에
삶을 하직하는 날 있어
끝내 그대 곁에서
이별이 설워 슬퍼하는 이가
나였으면 좋겠습니다

혹시라도

떠다니는 부초처럼
마음이 외로워
나를 찾아드는 이 있다면
긴 세월 살아온
삶 속에서 변하지 않는
진실만을 골라
환희라는 두레박에 퍼 담아
그대 허전한 가슴속에
행복으로 채워 드리리다

그러다가 이루지 못한
소망도 필요하시다면
마음에 소복이 가꾸어 놓은
꿈의 동산에서 잘 여문
보람이란 열매만을 골라
희망이라는 목걸이로 엮어
그대 메마른 영혼 속에
꿈으로 걸어 드리리다

헐벗은 나무처럼
가슴이 시려 따뜻한 마음
얻고자 하는 이 있다면
나는 오랫동안
참아온 열정으로
식지 않는 정열의 실을 꼬아
온정이란 천을 짜서
그대 시린 가슴을 포근히
사랑으로 감싸 드리리다

연인

싸늘히 바람 부는 날
검은 구름 사이로
살며시 얼굴 내밀어
시린 등 어루만져주는
햇살처럼 따뜻한
연인 있었으면…

땅거미 지고
어두움 밀려 올 때
외로움 알아차리고
스르르 피어오르는
별처럼 다정한
연인 있었으면…

물안개 피어오르는
고요한 호숫가에서
나직이 내려와서는
조용히 감싸드는
안개처럼 은은한
연인 있었으면…

적막한 밤길
어둠이 두려울 때
눈부시지 않은 빛으로
나서는 앞길 밝혀주는
달빛처럼 그윽한
연인 있었으면…

천생연분

살면서
섭섭한 마음이 있어도
미워하지 않고

초저녁
코고는 소리에도
푸념하지 않으며

때로는
역겨운 입 냄새까지
참고 사는 사이가
천생 연분이다

사랑의 술래

마음이 허전할 때 맨 처음
눈앞에 아른거리는 이가
당신이지만
느닷없이 보고 싶을 때
만날 수 없는 우리 사이가
가슴을 아프게 합니다

혼자 그리움을 키우는 것이
사랑이라면
어쩌다가 가슴 아프게
이런 사랑을 시작했나
공연하단 생각도 듭니다

마음 돌리려 하여도
이미 심장 한 가운데에
그리움의 굳은살이 박혀
당신의 마음 뜰앞에서
빈 손짓만 하며 찾아다니는
나는 사랑의 술래입니다

희망

당신을 기다리다가
한 없이
세월이 가도
사랑이란 노래
아직은
다 부르지 못하였으니
그리워하다
그리워하다가
진저리 치고
스스로
쓰러질 때까지는
수많은 아픔 참고
희망이란 말을
가슴에 담아 두렵니다

나룻배 사랑

나는
노을 진 강나루에
쓸쓸히 매어 있는 나룻배
당신은
나의 임자 뱃사공

당신으로 하여
나는 사랑이란 닻에 걸려
뱃사공 없이는
어느 곳도 가지 못하는
초췌한 나룻배입니다

어서 오십시오
사랑 때문에 얽어진
사모의 닻을 거두고
당신이 노를 저어야만
애달픈 그리움의 강을
건널 수 있는 나는
외로운 나룻배랍니다

외면 못할 마음

그리워하는 가슴이
혼자 애달프다 하여
그대 그리워하는 마음을
그냥 닫아 버린다면
그나마 그대 모습
영영 잊혀질 것 같아
이 밤도 그대 향한 그리움
내내 떨치지 못합니다

비는 기다리지 않아도
언젠가는 오겠지만
혹시나 잊혀질까
가슴 태우며 기다리는
그지없는 그대는
나에게 어떤 기약도
남기지 않았습니다

보고 싶은 마음이
너무나 가슴이 아파
이제는 그대 생각
그만 했으면 좋으련만
달리 돌릴 길 없는 그리움은
세상을 살아가면서
늘 아픔으로 부닥치는
외면 못할 마음입니다

눈먼 그리움

마음 한 줌 내려놓을 곳 없는
쓸쓸한 삶보다야
부질없다 할지라도
죽을 때까지 가슴에 간직할
눈먼 그리움이라도 있다면
그것만으로도
살아볼 가치 있는 귀한 삶이다

그리움의 강

눈감으면
가슴에 자리하고 있는 너
밤새도록
내 마음 창을 두드린다

잠 한숨도 잘 수가 없다

그리움을 가슴에 담고
긴 강물 따라
쉼 없이 노저어 보지만
가도 가도
너는 먼 그 자리에 있다

사랑하기에
미워해 보려는 마음보다는
바보스런
그리움이 더 버겁다

가슴에는 대못이 박힌다

모순 덩어리

미완성의 삶이라지만
진저리나는 외로움을
쓸어내지 못해
오늘도 안절부절못한다

누군가 손 내밀어
외로운 마음도 쉬어가라
허허한 가슴도 풀어보라
잡아주었으면 하여

삶의 모순 속에
하루는
희망의 덫을 놓고
또 하루는
미련의 독주를 마신다

삶의 소풍

님은 가셨지만
님을 보내지 않았습니다

같은 울타리 안에서
살 부비며 살지 않는다 하여
꼭 헤어진 것은 아닙니다

때로는 마음하고 상관없이
가슴 아픈 여행을 합니다

어쩌다 나다니는 삶의 소풍
혹시라도 돌아오기에
먼 길을 가지는 마십시오

우리는 단 한 번도
작별을 말한 적이 없습니다

희망 이루기

내 인생에서
감동을 주는
잔잔한 기쁨 하나와
설레임을 주는
진실한 사랑 하나면
그리고
기웃거리지 않아도
마음 비워 놓은 틈새로
희망 하나 더
비집고 들어온다면
흡족하겠다

삶의 마실꾼

설레임의 봇짐을 짊어지고
고독한 내 가슴의 방을
미적미적 찾아들어
밤마다 사랑이란
군불만 지피게 하는 그대는
꿈속 낭만의 손님입니까?

외로움에 허기가 들어
무작정 마실 온 이웃 사람처럼
내 마음 울타리 안을
염치없이 들어와서
벙어리 냉가슴 앓게 하는 그대는
눈치 없는 사람입니다

공연히 잠자는 영혼을 깨워
가슴 구들만 달구게 하고서
어떤 증표도 없이
추억의 이삭만 뿌려 놓고
시침 뚝 떼고 돌아가는 그대는
곰살맞은 삶의 마실꾼입니다

욕망

당신으로 하여
가슴에 그리움이 일어
앙금 졌던 열정이
다시 꿈틀대고
삶에 새로운 촉매가 되어
동짓달 칼바람도
뜨거워진 가슴을
쉽사리 식히지 못한다

달빛 사랑

님은 달빛으로 나는 달그림자로
그렇게 그리워만 하다가
혹여 날이 샐까봐
가슴에 꿈 하나 별을 담아 둡니다

사랑하는 일이 쉬운 줄 알았는데
밤마다 홀로 별만 지켜야 하니
세상에서 가장 겪기 힘든 것이
사랑을 얻는 일인가 봅니다

어쩌리까…
참는 것에 이골이 났다지만
늘 지금처럼
애꿎은 가슴을 쥐어짜며
그리움만 키워 놓으리까?

인연

삶의 한 귀퉁이에서
외로움이란
술을 마시다가
또 다른 외로움을
반갑게 만났구려…

우리의 만남
숙명이라 믿고
가슴시린 이 겨울에는
필연이란 잔 속에
사랑만을 가득 채워
남은 생 다하여
취하도록 마셔 봅시다

외눈박이 고기의 사랑

당신과 나는
꼭 마주칠 인연이 있어
이생에서
반갑게 만났습니다

서로 귀중히 여겨
기왕이면
눈멀고 귀먹은 사랑으로
남은 시절
마음 나누며 살아 봅시다

오직 나는
당신이 없는 다른 한쪽
딴 세상을 쳐다볼 수 없는
외눈박이 고기입니다

어디 있느냐

꿈에서 깨어 있어도
너는 어디에서든
나를 부르는 소리 있어
그리움 주체하지 못해
넋 잃은 듯 찾아 나선다

밤은 깊어 가로등 야위어
희미하게 졸고
머언 어둠은
날 삼키려는 듯이
검은 입 벌려 기다린다

너는 어디에 있느냐
먹빛 하늘 어둠을 가르며
별똥별 하나 지고
너를 찾아나선 나는
유랑별이 되어 눈물짓는다

사랑의 탑

사랑은 따로 따로
가슴으로 쌓는
미로의 탑…

성심을 다하여
쌓아도 쌓아도
서로 부족하지만

기왕 공들여 쌓았으면
소중한 보물처럼
스스로 사랑을 지키고
열중하여라!

그때쯤

보고 싶은 마음이 쌓여
백두산 천지를 채울
그때쯤
우리 만날 수 있는 소망을
이룰 수 있을까요?

그대 보고픈 마음은
내 가슴속에서
이미
그리움만 출렁이는 바다를
만들어 놓았답니다

그런 날을

그날을 꿈꿉니다
인생의 긴 여정 길에서
그대와 나
우리 지닌 외로움
훌훌 털어버리고
한마음으로
같은 곳을 바라보며
사랑의 봇짐 지고
삶을 동행하는 날
여전히
그런 날을 꿈꿉니다

여명

뇌리에 문득문득 스치는
마음 아픈 기억들
잠에서 깨어나면
고스란히 지워지고
비 개인 아침
해맑은 가을 하늘처럼
상큼하게 하루를 맞는
아침이었으면 좋겠습니다

가슴에 깊이 새겨 있는
지우고 싶은 미움들
술 한잔 마시면
취해서 잊혀지고
미움이 사라진 가슴에는
다시 사랑으로 채워져
기쁜 마음 가득한
일상이었으면 좋겠습니다

차라리

직녀별 그리워
밤마다
그리움으로
긴 밤 홀로 지새는
견우별 되느니

차라리
불이 좋아
목숨 걸고
불속을 날아드는
불나방 되겠소…

변한 마음

서로 좋아하면
닮는다 하는데
나는 아직도
그대 좋아하는 마음
변함이 없건만
왜 우리는
같이 좋아했으면서
닮았던 마음 잊고
지금은 서로
달리
변해 있는 것일까요?

행복이 있는 곳

날 저물면
새들이 둥지를 찾아들 듯이
일상을 마감하는 시간이 오면
사랑이 샘솟는 곳에서
당신과 함께 포근히 잠들고 싶고
세상을 깨우는 여명이 밝아 오면
제일 먼저 눈을 떠
정답게 당신을 바라보며
환희의 아침을 맞고 싶습니다

편지

어둠의 정적이 깊은 밤
마음이 외로워
빈 가슴속에
그리움 하나 담는다

겹겹이 담기는 그리움
가슴 안에 쌓이고 쌓여
속앓이만 남길
아픔의 상처만 돋운다

아픔이 있는 날
고독한 그리움이 싫어
밤새워 편지를 쓰지만
그나마 부칠 곳이 없다

혼자 키우는 그리움
터무니없으니
이제 그만 고단한 마음
닫을까 말까…

섭리

시냇물은 흘러 강물과 만나
넓은 바다에서 홍겨운 듯
물결 넘실 춤을 춘다

석양은 구름과 어우러져
하늘에다 노을 붉게 물들이어
아름다운 자태 뽐낸다

달빛은 어두운 밤을 그윽케 하고
별들은 서로 모여
밤마다 다정히 속삭인다

세상에 외톨이인 것 무엇이랴
만물은 섭리에 따라
한마음으로 엉키고 어울리는데

하물며 너와 나는
서로 좋아 그리워하면서도
따로 애태우며 살고 있는가?

두 번째 편지

한때는 서로가 좋아
공들여 묶어놓은 정이었는데
그대는 책임 없다
그 정 떨구고 가는 겁니까?

나는 보내지 못해
그대 곁으로 달려가는데
어찌 그대는 경우 없이
점점 멀어지나요

떨칠 수 없는 정이 그리워
추억 속으로 돌아가 보지만
아무리 가도가도
만나지지 않습니다

아, 어느 날
바람처럼 무심하게
그렇게 사라질
사랑인 것을 모르고…

나는 날마다 가슴에
대못이 박힌 아픈 사랑만
말 못하는 비밀로
간직하고 살아갑니다

작은 천국

약속은 없을지라도
나의 믿음은
작은 행복과 평화를 위해
진실이 시들지 않는
초록의 그리움으로
무한의 사랑을 보낸다

행여 그대에게 보내는
사랑이 초라하고
부질없을지라도
살아온 생의 건널목 건너
그대에게 다가감을
주저하지 않는다

시샘 많은 운명의 신이
심술을 부리지 않는다면
먼 훗날에는
그대와 나
우리만의 작은 천국을
이룰 수 있기 때문이다

흔적

추억 하나 뿌려 놓고
무정하게 떠나가신 님
나는 님을 사랑했던
그날에 살고 있으련만

매정히 떠난 님이야
홀쩍 떠난 뒷자리
그 흔적
상관없다 하시겠지만

무심히 흘리고 간 추억 속에
그리움의 이삭 하나 하나가
내 가슴속으로는
아픔으로 품고 산답니다

세상 살며 가장 큰 슬픔은
님은 벌써
아무렇지 않은 듯
나를 잊었다는 현실입니다

나그네 연정

달 없는 밤
정처 없는 나그네 마음은
흐르는 별빛 따라
어둠을 홀로 떠돈다

별 가까이에서
속삭이듯 들려오는
별들의 밀어에 도취되어
부푼 나그네 가슴은
그리움을 키운다

그러다가 나그네는
마음만 홀로 술렁대다가
꿈을 못 이루고
쓸쓸히 돌아선다

풀어놓지 못할 외로움
봇짐 하나 짊어지고
돌아오는 나그네 발길엔
눈물일까
새벽이슬만이 차인다

비련

약속 없는 막연한 기다림
사랑하는 이
그대는 손님처럼 기약이 없다

하나의 인연으로
참되게 엮어보려는 연정의 꿈은
운명 속에 그어진
한계를 넘지 못한다

그리고 간직하고픈 맘만큼
그대를 설득할 수도 없다

그냥 말없음이 평화인 듯
묵묵히 침묵해야 하는 고뇌 속에
소망은 낙심으로 야위어 가고
그대만을 사랑하리라는 언약은
한줄기 빛도 남기지 못하고
의미 없이 낡아만 간다

이제는 스스로 달래야 하는
나만의 수심…

잠시 스쳐지나간 기쁨이
내 행복의 전부인 것을 모르고
그대 향한 그리움은 분별없이
허상의 가락에 춤추다가
가슴에 허무만 가득 채운다

기다림이 부질없는 사랑아!
그대는 내게 있어
이 유일한 사랑을
어떤 비애의 낱말을 붙여
이름 지으려 하는가?

그리움이 있는 날

마음이 향하는 곳에서
그대는 무관한 듯이
그냥 말없이 있으므로
내 맘을 끝없이 애태우는
모진 님이시여

가만 있노라면 어느샌가
살풋이 찾아와서는
맘만 설레이게 하고
모르는 척 훌쩍 떠나시는
얄미운 님이시여

그대와 짧은 만남은
긴 기다림으로 이어지고
또 다시 보고픔은
나에게 끊임없는
목마름으로 이어집니다

그리운 님이시여
나는 하루의 끝자락에서
지독한 그리움으로
마음을 어찌할 줄 몰라
긴 밤을 쩔쩔맵니다

그대를 생각하는 것으로
마음은 하루가 짧고
그리움을 삭히지 못해
이 밤도 먼 하늘만
눈이 시리게 바라봅니다

긴 여운의 그리움

오랫동안 혼자 꿈꾸어 온
소박한 이상
그대는 마음 안에서
새롭게 피어나는
희망이었습니다

짧은 만남 속에 각인된
긴 여운의 그리움
달빛 서린 가슴으로
별 하나 내려 어느샌가
아쉬움으로 자리합니다

야윈 밤 상념으로 찾아든
그리움 한 자락
처연의 작은 가슴은
누구도 대신할 수 없는
보고픔으로 허기집니다

봄날 아지랑이 피어오르듯
가슴에 솟는 그리움 있지만
마음은 갈 곳 몰라 이 밤도
어둠 속을 지향 없이 떠도는
나그네 구름입니다

홀로 그리워 하다가
어느 날 무심히 잊혀질
나만의 그리움이겠지만
그대는 놓을 수 없는
내 사랑의 전부입니다

홀로지기

사랑한다 하여 그대가
꼭 곁에 있어야 하는 것은
아니겠지만…
혼자 그리워하는 것만으로는
늘 외롭습니다

보고 싶다 보고 싶다 하면
만남도 이루어지리라
희망을 꿈꾸어 보지만
딴청 하는 그대가 미워
잠시라도 쓸쓸함을 잊기 위해
술 한잔을 마십니다

서둘러 마신 술 취하기도 전
빈 잔에는 한숨이 채워지고
한숨 고인 술잔 속에는
그대 모습 아른거려
더욱 그리움이 일렁입니다

3

고독은 낭만이 아니다

너

가을 하늘처럼
화사하지도 않고
가을 햇살처럼
눈이 부시지도 않은
너는!
어느 곳에 있든
맑은 아름다움이 있어
한결같이 사랑스런
나의 여인이다

사랑의 그림자

감탄으로 펼쳐지는
찬란한 가을 하늘 한편에는
낙엽이 떨어지는
나무의 서러움도 있습니다

그것은 사랑을 얻은 기쁨 뒤
그만큼 크기와 같은
또 다른 아픔이 있음입니다

누가 사랑을
번민으로부터 시작되는
고뇌의 씨앗이라 했습니까?

하지만…
진정으로 사랑하는 맘속에는
아픔도 번민도 모두가
아름다움의 앙금일 뿐입니다

시루에 담긴 정

소쩍새 암울한 울음소리
밤사이 국화꽃 다발다발
피워내기 위하여
소쩍새는
그렇게 울어댄다 하지만…

아, 나는 못다한 인연
한 사람 가슴에 묻어
시루에 담긴 정
그나마 잃지 않으려
아픈 가을밤 내내 지샌다

차라리 그러려면
벌 나비 날아들지 않고
찬 서리에 꽃잎 진다 하여도
아픔 모를
국화꽃 나무이고 싶어라

가을을 느낄 때

하늬바람 산들 불어
가을향기 느끼는 날
보고픈 얼굴
한 사람 있습니다

한 걸음 한 걸음
모르게 들어와
보고 싶은 마음
이 가을
아픔이도록
울리는 그 사람…

나뭇잎 붉게 물들어
가을풍경 느끼는 날
그리운 모습
한 사람 있습니다

그대는 모르는 척
너무 먼
그 자리에 그냥 있어
이 가을
서러운 설움이도록
물들이는 그 사람…

들국화

열매도 맺지 못하면서
꽃을 피우는 것은
뿌리 내릴 수 있게 참아준
흙과의 약속입니다

바람에 날리는 짙은 향기는
님을 향한 그리움이고
그리움은 멀리 있어
먼 하늘만 바라봅니다

찬이슬 내리는 계절이 와도
꽃피움의 의지는 막지 못하고
달 없는 기나긴 밤이라 하여도
꽃잎을 잠재우지 못합니다

중년의 가슴 뜰

가을바람에 봇물 터지 듯
밀려드는 외로움
중년의 가슴은 가을 산처럼
삶에 노을이 붉게 물든다

갈수록 허허로운 가슴
살면서 비우고 잃어버리고
한 가닥 소망마저도
놓쳐버린 꿈의 고리들…

텅 비어버린 중년의 가슴
미련의 작은 잔 속을
그나마도 채울 수 없어
공허함으로 허기가 든다

살아온 세월만큼 초췌해진
허전의 가슴 뜰에는
낡아버린 추억 하나
스산한 가을바람에
그리움 되어 내려앉는다

낙엽에 적어

단풍 들어 붉게 물든
고운 나뭇잎이
어쩜 그대 그리워하는
내 가슴 같습니다

사랑하는 마음 감추려다
들켜버린 내 가슴도
수줍음으로
붉게 물들었습니다

오랫동안 혼자 좋아서
애태웠던 마음을
단풍잎 위에 곱게 적어
그대 앞에 날리옵니다

한 잎 한 잎 떨어져 쌓이는
고운 낙엽처럼
그대 향한 그리움도
내 가슴속으로
차곡차곡 쌓여집니다

미련

바람에 힘없이 흔들리는
나뭇가지 끝자락에
메마른 채 대롱대롱
매달린 나뭇잎 하나

한때 싱그럽던 날의
초록에 미련을
떨쳐버리지 못하고
애처롭게 매달려 있구나

오고 가는 섭리 속에
모든 것은
미련 없이 떠나야 함이
자연의 순리인 것을…

가을 호수

가을이 저무는
서러운 흔적들
낙엽 되어 호수 위에
무심히 떠다닌다

가을빛에
태우고 태우는 애태움들
붉게 물들어
여기 저기 떠있다

내 마음도 태우는
그리움 한 조각
낙엽처럼 호수에 던져져
애처로이 떠돈다

누구시길래

가을비 흩날리는 밤
단잠 깨워
낙숫물 소리에
한숨 짓게 하는 이
그대는 누구인가요

잔잔한 작은 가슴에
밤이 새도록
그리움 파문 일어
잠 못 들게 하는 이
그대는 누구인가요

여물지 못한 소망들
무정히 시들어
어둠에 날리는 밤
마음 아프게 하는 이
그대는 누구인가요

들꽃 되어

싱그러운 바람 부는
초가을 들녘
꽃이 핀 들길을 거닐면
나는 꽃 마음이 된다

그리움이 내려 물든
하얀 들꽃으로 닮아
님을 기다리는 설레임으로
꽃잎 활짝 열고
높은 하늘을 본다

그리움이 담긴 꽃
한 잎 한 잎 꽃잎마다에
고운 꿈 나래 펴고
오늘 밤은 님을 위해
밤이 새도록
꽃잎 활짝 열어 놓으리라

긴 밤 기다리는 외로움을
무던히 견딘 아픔으로
꽃잎에 영롱한 이슬 담고
아침 햇살에 목이 말라
행여 날 찾아줄 님을 위해
또 하루를 기다린다

풀벌레 연정

나는 풀벌레
밤이면 밤마다
외로움에 젖은 풀벌레
슬피 웁니다

전설 한 깃든 에밀레종
내 울음만큼이야
애절하리오마는
풀잎 풀벌레
제 설움에 북받쳐
더욱 슬피 웁니다

별빛 잠들고
달님 모른 채 지나치면
풀벌레 눈물은
풀잎마다 이슬입니다

머지않아
된서리 내릴 터인데
님 잃은 풀벌레
밤새 섧게 울다가
새벽녘에 잠이 듭니다

기다림

동구 밖 길가 코스모스
영롱한 새벽이슬로 단장하고
꽃잎 수줍은 듯 한들한들
행여 누군가 찾아올 것만 같아
목 길게 빼고 막연히 기다린다

무심한 바람은 아랑곳없는 듯
모질도록 흔들어 대고
날갯짓에 지친 고추잠자리만
얄밉도록 꽃잎 위에 날아든다

한적한 길모퉁이 코스모스
청량한 가을 하늘 아래서
꽃잎 설레임에 한들한들
오늘은 누군가 꼭 올 것만 같아
온종일 홀로 기다린다

해는 서산에 뉘엿뉘엿
어느새 땅거미 밀려오는데
어이 그리운 내 님은 오늘도
끝내 못 오시려나 보다

중년의 가을

가을이 깊은 뿌연 밤하늘
먼 나뭇가지 끝자락에
나뭇잎인 듯 매달린
초승달이 애처롭다

싸늘히 파고드는 바람은
옷깃을 여미게 하고
큰 욕심을 내지 않더라도
왠지 누군가가 그리운 밤이다

서러운 나무를 닮진 않아도
중년이 된 성숙함 뒤
또 다시 목마름으로 피어나는
감당 못 할 그리움이 있다

어디로 향하는 그리움일까?
늦가을 하늘 아래 바람 따라
수없이 쏟아지는 낙엽처럼
가슴에는 그리움의 비가 내린다

아, 가을은 나에게 찾아와서
아름다움으로 시작하는 듯하더니
끝내는 잔혹함을 남기며
무심히 가을은 깊어만 가는구나

들국화 사랑

들국화 꽃향기 허공에 가없어
아름다운 이 계절에
어둠을 밝히며 잠들지 못하는 것이
하늘에 별만 있는 것이 아니다

님 그리며 밤새 슬피 울어야 하는
귀뚜라미의 고단한 기다림도 있고
가슴 한켠을 짓누르는 아픈 사랑으로
잠 못 이루는 나도 있다

언젠가는 너를 얻었다 기뻐했지만
너의 마음속에 기억된 나는
아무 때나 잊혀져도 소중하지 않은
들국화 같은 사람인가 보다

아픈 가슴을 보여서도 안 되고
보고픈 마음 들켜서도 안 되는
그런 사랑을 지녔다는 것이
이 가을 밤 더욱 서글퍼진다

외로움도 그리움도 말 못하고
혼자 고독을 배워야 하는 사랑
오늘도 나는 너의 한쪽 가슴만
휘~횡 쓸고 지나가는 갈바람이다

여인 오십 줄

시드는 꽃이
공연히
바람에 향기만 날려
애매한
나비 부추겨
맘만 설레이게 한다

꽃 샘 말라 지는 꽃
속내 모르고
바람 때문에
나비 눈길 안 준다
공연히
바람 탓만 한다

이나마도

찬바람 세차게 불어 공허한 밤
대지를 휘젓는 바람에 떠밀려
가을은 지척을 잃고 깊어만 갑니다

삭막한 바람소리 야윈 밤 울리고
서러움이 많은 중년의 마음으로는
그나저나 이 가을을
이대로 보내고 싶지 않습니다

마른 잎새 떨구는 나무는
훗날 새로운 싹을 틔우기 위해
참아야 하는 아픔이라 하겠지만…

나에게는 오늘을 보내고 나면
이나마도 다시 오리라는
어떤 증표가 없기에
혼자 아우르기 힘들기만 합니다

사랑의 단상

외로움 짙어 가을 하늘을
똑바로 쳐다볼 수 없이
마음 시린 날에

살며시 고개 내밀어
내 가슴 고을 속으로 들어와
설레는 마음 듬뿍 펴 놓고
곰살맞게 모른 척하는 님

서로 눈빛이 낯설어
가는 마음과 오는 마음을
다 알아차릴 수는 없지만

이미 그대 향기에 취해
그리움이 단내 나도록
달아오른 이 마음을
서둘러 외면하지 마십시오

꿈에서도 그리운 사람

새벽안개 피어오르는
아침에서부터
석양으로 하늘이
곱게 물드는 저녁까지…

그리고 어둠이 밀려와
하루를 잠재우는
꿈속에서조차
끝없이 그리운 사람아!

가을편지

산들바람에 눈 내리 듯
쏟아지는 낙엽
푸르던 날의 기상은
언제였던가
잎새는 갈색으로 진다

힘없이 바람 따라
땅에 구르는 낙엽
나무가 서러워
풀어 헤친
가을 편지인가

새벽이슬은
시리도록 젖어들고
가을바람에 떠밀려
낙엽은 사각 사각
외로운 길 나서지만…

여기 그리움 그냥 두고
길 떠나감이
아쉬움인 듯
낙엽은 모퉁이마다
이리저리 헤매 돈다

부를 수 없는 님

이슬을 머금고 핀 들꽃들
묵묵히 별을 헤아리며
어둠을 지키는 시간

헤일 수 없는 별만큼이나
가슴에 아픔으로 쌓여있는
사랑의 앙금…

그리워하는 것만으로는
지울 수 없어
마음은 허공을 떠돈다

추억으로 통하는 별만이
아스라이
빈 공간을 밝히는 이 밤

눈물겹도록 보고프지만
그를 부를 수 없어
자꾸 가슴이 마른다

아, 떨칠 수 없는 외로움
깊은 밤 홀로 서있는 나는
어디로 가야 하나?

사랑의 속달편지

산들바람 산들 부는 가을 밤
그대가 깊이 잠든 사이
창문을 노크하는 낙엽이 있거든
밤을 함께 못한 아쉬움으로
가을바람에 실어 띄우는
사랑의 편지인 줄 아십시오

어둠이 찾아 들어 스산한 밤
작은 문틈 사이로
그윽한 달빛이 스며들거든
말 못하는 그리움 감당 못해
당신에게 달려가고픈
영혼의 전령인 줄 아십시오

아스라이
별 하나에 그대 모습이 있어
한없이 그리워지는 밤
가슴에 감추어 놓은 사랑 하나

고운단풍과 그지없는 달빛으로
이 가을 그대가 꾸는 꿈속으로
속달 편지 띄워 보냅니다

달무리 같은 나

밤하늘에 저 달보다
그대는 더 멀리 있지만
내 마음속 그대는
그리움의 뿌리입니다

밤이면 우두커니
달을 바라보며
그대 보고픔을
홀로 삭히고 있습니다

달은 마음을 알아차리고
민망한 듯이
구름 뒤로
살며시 숨어 버리지만…

나는 그 까만 밤도
그대 보고픔에 잠 못 이뤄
긴 밤을 혼자서
하얗게 지새웁니다

아마도 나는
달만을 감싸 도는 달무리처럼
그대만을 그리워하는
그대 사랑무리인가 봅니다

그리움

아시나요?
그리움을…

눈을 감아도
그리운 이 그대가 보입니다

두 손으로 세상을 가려봐도
보고픈 마음은
가려지질 않습니다

비가 내립니다
알알이 떨어지는 빗방울이
내 그리움처럼
수없이 쏟아집니다

아십니까?
한 사람…

물러 설 기미 없이
가슴을 차지하고 있습니다

잠을 자도 꿈속에서도
보고픈 마음은
잠들지도 않습니다

파도처럼 밀려듭니다
끝없이 밀려와서
휘젓는 그리움은
파고드는 아픔입니다

무제 · 1

까만 밤하늘에
견우별 직녀별
서로 그리워하며
슬픈 밤 지새더니
꽃잎마다 알알이
이슬이 맺혔습니다

간밤에 달무리
좋아하는 달 가까이
더 다가가지 못해
밤새워 눈물짓더니
온 종일 주룩주룩
비가 내립니다

갈바람 세차게 불어
온산 골짜기
나무 가지마다
모질게 헤집어 놓더니
고운 단풍 옷 벗겨놓고
하얀 서리 피었습니다

무제 · 2

내 마음은
끝없는 그리움으로
밤마다
직녀별 보고파
눈물짓는 슬픈 견우별…

진정 좋아하면서
당신 곁에
가까이할 수 없어
안타까움에
가슴 태우는 달무리…

아마도!
내 마음은
가뭄에 목이 말라
애타게 비를 기다리는
가지 꺾인 나목입니다

작은 존재

그대에게 보내는 사랑이
혼자의 가슴에서 피어나는
아주 작은 그리움인 듯
그대 세상 밖에서 잊혀지는
그리움으로 간직될까봐
마음을 태운다

무심한 그대 눈으로는
보이지 않는
아주 작은 존재이지만
혹시라도 바람에 휩쓸리다
짓밟히는 낙엽처럼
초라하게 사라질까봐
항시 안타까워한다

내 사랑은 가슴 조이며
웅크린 어린 새의 바람처럼
그대 둥지 밖에서
부드러운 깃털 지닌
어미 새를 그리워하며
가슴 졸인다

눈처럼 오신다면

겨울이 오면 눈이 내리 듯
손꼽아 기다리던 어느 날에
그대만 나에게 오신다면
진정 기쁜 마음으로
세상 귀한 것 다 잃는다 하여도
두 팔 벌려
그대를 반겨 맞이하련만…

하얀 눈이 내려 쌓여
온 누리를 새롭게 바꾸어 놓듯이
그대 나에게 오시어서
혼자 마음 태우는 안타까움과
절절히 가슴에 쌓인 그리움을
흘흘 덮어 주었으면 좋으련만…

겨울이 오면 눈이 내리 듯
마음 꼽아 기다리던 어느 날에
그대가 나에게 꼭 오신다면
눈이 좋아 어찌할 줄 몰라
눈밭을 뛰어다니는 강아지처럼
아무리 추운 겨울날이라 하여도
맨발로 뛰어나가
그대를 반겨 맞이하련만…

간밤

간밤에는 갈바람
온산 골짜기마다 헤집더니
나뭇잎 울려 떨쳐 놓고

모진 바람에 힘없이 꺾인 풀은
아침이 와도 일어서지 못하고
그 자리에 누워
지난 봄날만 그리워한다

밤을 지키며 조잘대던 별들도
새벽을 이기지 못해
사르르 잠이 들었건만

대지를 휘젓는 갈바람 소리에
밤새 잠 못 이룬 내 가슴은
와르르르
억장이 무너져 내린다

작은 욕심

내가 바라볼 수 있는
하늘이 파랗고
내가 뿌리 내릴 수 있는
한 움큼의 흙만 있으면
그만 욕심입니다

간혹 외로움이 겨울 때
당신이 찾아와 다정한 손길로
어루만져 주신다면
가슴에 아름다운 꽃피워
훗날 희망을 위한
열매를 맺어 놓겠습니다

오해의 여지

때로는 그러려니
서로 말없음이
편안할 수도 있겠지만
너무 긴 침묵이
진실한 마음에
혹여
오해의 먼지가 내려
믿음이 녹슬어 해질까
가슴을 졸입니다

그대와 나
쉽게 변하지 않는
진실을 지녔다 하여도
눈에서 멀리 있어
그리워하는 마음이
지치기라도 한다면
행여
서로를 소홀하게
생각하지 않을까
늘 마음을 태웁니다

4

달, 별 그리고 그리움

별 헤이기

님이시여 기왕에 오시려면
별이 찬란히 빛나는
오늘밤에 오십시오

이 밤처럼 별이 밝은 밤에는
님이 그리워
쉬 잠을 청할 수 없습니다

온 누리 모두가 잠든 밤에
촘촘히 별들만이 깨어
사랑의 밀어를 속삭입니다

어둠 거치고 새벽이 오건만
나는 님 생각으로
아스라이 별만 헤아립니다

그대의 별 나의 별

살며시
그대 손잡았을 때
어둠 속 창공에
별 하나가
부끄러운 듯
깜빡거린다

아마도
그 별은
그대의 별…

그 별 가까이에
기웃 기웃거리는
별 하나 있으니

아마도
그 별은
나의 별…

좋아하면서
그대 가까이
다가가지 못함이
별 하나가
아쉬움인 듯
홀로 깜빡거린다

은빛 그리움

밤하늘에 별만큼 빛나는
은빛 그리움이
한별되어 가슴깊이
새겨지는 밤입니다

그리움을 키우는 가슴으로
혼자 별을 지키며
보고픔 삭히는 마음이
더욱 쓸쓸함으로 느껴지는
밤이기도 합니다

사랑의 싹이 크면 클수록
아픔의 뿌리도
그만큼 깊다고 합니다

당신을 사랑하는 대가로
가슴 메이는 아픔과 슬픔을
또 배워야 하는 걸까요?
하지만 나는
서글픈 사랑 때문에 쓰여진
아픔을 지울 수 있는
환희의 지우개가 없답니다

별이 있기에

검은 천에 수정을 뿌린 듯
창공에는 무수한 별들이
찬란히 빛나고 있습니다

이 밤에 홀로
묵묵히 별을 헤아림은
아직도 내 가슴은
피가 식지 않음입니다

손을 뻗으면
금방 잡힐 듯한 곳에
해맑은 저 별 하나
유난히도 반짝입니다

아마도 그 별은 내 가슴처럼
마음 가는 곳 따라
그리움을 다하지 못한
연민의 별인가 봅니다

하늘에는 별이 있듯이
나에게도 꿈이 있어
저 별 하나에 소망 담아
그대 마음 앞에 뿌리옵니다

고뇌

한동안 소식이 뜸하다 해서
사랑이 시들해졌다고
생각하지 마십시오

잠시 말없이도 우리 약속은
미래의 귀중한 소망으로
깊이 간직되어 있습니다

금방 손 내밀어
잡을 수 없는 거리에 있다 하여
쉬 잊혀질 인연이 아닙니다

다만 지금 침묵하는 것은
그리움을 혼자 단련시키는
고뇌의 시간이기 때문입니다

당신과 나는

나는 당신에게
어떤 사람일까요
그리고
당신은 나한테
어떤 사람이고 싶을까요

살면서 수많은 사람들과
만나고 헤어지고
사랑하고 미워하고
그렇게들
사연을 쌓으며 살아가는데

이 중에서 당신과 나는
무슨 핑계를 걸어
서로의 가슴속에
어떤 사람으로 남아야 하는
사이일까요

우리는

따로 있다 하여
우리는
둘이라 생각하지 않습니다

하지만…

같이 있을 때에도
우리는
하나가 된 적이 없습니다

바보

가까이 다가서려 하면
시침 뚝 떼고
저만큼 물러나 있는
당신이 미워지는 밤입니다

많은 그리움을 키워도
벽에 걸린 액자 속 여인처럼
잠시도 숨결을 느낄 수 없는
당신이기 때문입니다

그러나 당신을 생각하면
짝사랑하는 소년의 가슴인 양
주체하기 힘들게
가슴이 콩닥콩닥 뛴답니다

사랑을 받아주십시오
참는 것에 길들여지는
가슴 아픈 바보들의 사랑을
그만 배우고 싶습니다

그리움의 늪

굳이 찾으려 하지 않아도
보이는 곳 어디에든
하늘은 있습니다

간밤을 같이하지 못했지만
감추어진 가슴속에는
당신이 있습니다

그러하기에 당신으로 하여
나는 헤어날 수 없는
그리움의 수렁에 빠졌습니다

우리는 미완성 사랑이지만
당신은 꼭 잡아야 하는
사랑의 지푸라기입니다

님께 드리는 노래

살아오면서 그토록
마음 아프게 했던 이별들이
아마도
당신을 만나기 위해
꼭 치러야 하는
시련들이었나 봅니다

비록 우리의 만남
시작은 대수롭지 않지만
작은 씨앗이 훗날에는
하늘을 찌르는 나무로
자라난다 합니다

인연이 있어
한 사람 사랑해야 한다면
오직 당신뿐!
받고 싶은 마음만큼
채워지지 않는다 하여도
투정부리지 않겠습니다

해후

살면서 살면서
외로움이 한없이 가슴을
짓누르는 날
삶의 오솔길 따라
서슴없이 나에게 오십시오

해후를 기다리며
그리움 하나 하나씩
조약돌에 새겨 깔아 놓은
그 오솔길은
당신을 손꼽아 기다리는
내 소망의 길입니다

사랑을 지키며
말없이 세상을 산다지만
기다림이 너무 길면
더러는
미움도 만든답니다

정이란 들고 나는 것
마주 대하지 않고
드는 정이 없으며
멀리 있어 잊혀지지 않는
정이 없다고 합니다

정이 그러하듯이
당신과 나 사이
멀리서만 바라보는
은행나무 사랑은 싫습니다

오로지 그리움은
기다리는 사람의 몫이지만
그렇다 하여
외로울 때만 가끔씩 들리는
정처 없는
나그네로 오지는 마십시오

당신과 나 사이에

간혹 진실이 혼란스럽다 하여
믿음의 줄을 끊어 버린다면
좁힐 수 없는 거리가 있습니다

곁에 있어도 가까이 있음을
상대에게 느끼지 못하는
불신의 틈새입니다

서로 가슴이 통하지 않고는
눈으로 봐도 보이지 않는
건널 수 없는 강이 있습니다

자기 마음만 챙기려 든다면
기대만큼 가까워질 수 없는
이기심의 큰 강입니다

혹여 참기가 힘들다 하여
마주 잡은 손을 놓아 버리면
지닐 수 없는 사랑이 있습니다

핑계만 대고 관심을 미루면
산산이 깨어질 수 있는
유리그릇의 사랑입니다

낭만이 아니련만

잠 못 이루는 밤
언제부터인가
고독은
반기지 않아도
밤마다 찾아드는
단골손님이다

살며시 찾아와서는
사색의 줄기에
내 마음
설레이게 하고
슬프게도 한다

아마도 고독은
내 가슴속에
사랑과 아픔을
같이 느끼게 하는
그 여인네처럼
마술쟁이인가 보다

위선

또 한번의 낙일로
하루의 일상이
스르르 저물어 간다

어슴푸레 익어가는 밤
내 마음에 촛불을 밝혀
나를 찾아본다

그리고 가슴에 숨어 있는
가식과 위선을 털어
촛불에 태워 날린다

하지만 내일이면 또
세상 속에서 그것들이
다시 묻어들 줄 알기에…

그냥 내 안의 나를
방관하면서 의미 없는
한밤을 사른다

달빛 아래

밝은 달이 마음을 자극하여
잠 못 들게 하는 밤
세상에 널려있는 수많은 얘기
달과 별이 나의 벗이 되어
정답게 이야기 나눈다

서로 외로움을 의지하는 듯
별은 다정히 속삭이고
달빛은 그지없이
나를 취하게 하니 잠시나마
외로움을 잊을 수 있어 좋다

바람 싸늘한 밤이지만
정겨운 달빛 아래에서
내일을 맞이할 수 있음을
달과 별과 이야기하다 보면
세상에 내가 존재함을
기쁨으로 받아들인다

때로는 살아오면서
기쁨과 아픔이었을 추억들
고스란히 스쳐버린 지금
달빛은 정스럽게 다가와
나를 유혹하여 이 밤을
또 실없이 지새게 한다

비망록

사랑이여
밤이 되면 설레임에
꽃잎 활짝 피었다가
새벽녘 소리 없이 시들어버린
그믐밤 달맞이꽃이어라

사랑이여
그리움을 침묵하면서
긴 어둠 속에서
하나의 달만을 감싸 도는
그지없을 달무리여라

사랑이여
홀로 펄럭대다가
의미를 잃어버리고
제 설움에 겨워 쓰러져버린
퇴색된 깃발이어라

일상

새벽 하늘이 열리면
조용히 눈을 떠
또 하루를 시작한다

언제나 그랬듯
아쉬움만 남기고
흘러가는 나날들…

오늘처럼 내일이
또 덧없이 찾아와
의미 없는 하루를 열겠지?

한바탕 분주함 뒤에
공허함으로 찾아드는
나만의 시간

혼자 마주하는
따끈한 찻잔 속에
누구인가 그리움이 뜬다

촛불

한 빛
하늘을 우러러
스스로 몸을 사른다

온몸 타고 흐르는
맑음이
이슬처럼 영롱하구나

이 밤 너와 마주하여
나는 두 손 모아
기도 올린다

붉게 물들은 고움이
축복 내리어
그 빛 환희 되어라

아!
너도 짧은 정열이
아쉬움이련다

까맣게 타다 남은 흔적이
그리움으로 굳어
또 미련을 남기는구나

작은 별에 꿈이

밤하늘에 수많은 별들이
다하지 못한 그리움의
발치를 잡아끌어
잠 못 들게 하는 밤

어스름히 어둠을 밝히며
홀로 떠있는 조각달이
내 마음 반겨
이 밤을 친구해 준다

그대는 보이시는가?
못 다한 사랑이
그대 향한 그리움으로
떠돌다 떠돌다
머무는 곳 작은 별 하나…

그 작은 별 하나가
기다리던 어느 날에
그대 소망 담겨있는 꿈인 양
바라보아 주신다면
나는 기쁜 마음 감추지 못해
샛별되어 빛날 것입니다

잃어버린 꿈

아픔으로 잉태하는
사랑의 흔적
홀로 삭히는 그리움이
가슴을 저미게 한다

산다는 것은
끝 모를 외로움인가?

마음속으로는
너의 모습만 간직했던 나
의미조차 잃어버리고
낯선 운명 앞에 서있는
초라한 삶이 서럽다

진실이 헐벗어 버린 듯
지난날 함께 꾸어온 꿈이
나를 속인 것을 깨닫고
혼자서 슬픈 마음 절인다

아, 보람도 없이
그리워하던 날들이여…

그지없던 시절 시절들
꿈은 사라지나니
내 가슴은 허탈의 빈 뜨락
허무의 바람만 세차게 분다

누구 때문에

풀잎마다에
수정을 머금은 듯
영롱한 새벽 이슬은
알알이
누구의 사랑을 축복하는
환희스런 맺힘입니까?

파란 하늘
지향 없이 흘러가는
떠돌이 구름은
조각조각
누구의 소망이 깨어져
떠도는 나그네 꿈입니까?

소나기 휘몰던 날
번개를 휘감은
칠흑 같은 검은 구름은
한낮에
누구의 넋이 승천하는
오뇌스런 용트림입니까?

밤이면 밤마다
외로워 눈을 감으면
허공에 떠오르는 모습은
언뜻언뜻
누구의 형상이 담긴
그지없는 환상입니까?

자연과 삶

태양이 희망이라면
멀리서 반짝이는 샛별은 사랑이고
어둠 속에 은은히 떠있는 달은 그리움입니다

바람이 만남이라면
바람 따라 무심히 흐르는 구름은 이별이고
흐린 날 소리 없이 내리는 이슬비는 슬픔입니다

무지개가 축복이라면
밤하늘을 곱게 수놓은 은하수는 소망이고
안개가 내려 고인 영롱한 이슬방울은 환희입니다

흰눈이 침묵이라면
휘몰아치는 폭풍우는 절망이고
번쩍이며 하늘을 가르는 천둥은 노여움입니다

님

늘 낯익은 얼굴로 곁에 있으니
쉽게 소중함을 잃어버린다
보고프면
항시 만날 수 있는 그대지만
실은 내가 사랑할 수 있는
단 한 사람이다

때로는 그러려니
기다리는 야릇함도 없고
가슴 벅찬 설레임으로
기대 되지도 않지만
오늘은 새삼 귀중함을 느끼면서
무한의 사랑을 그대에게 보낸다

진정한 사랑

내 사랑의 크기만큼
똑같아야 한다고
투정하지 않는 사랑

사랑 때문에 느끼는
아픔과 슬픔에도
원망하지 않는 사랑

받아서 채우기보다는
주면서 행복해 하며
온정을 베풀 수 있는 사랑

상대의 눈높이에 서서
자신을 낮추어 가며
서로 배려해 주는 사랑

세월이 흘러가도
사랑할 때의 그 마음이
쉽게 변하지 않는 사랑

백 년 해후

조그만 믿음 하나로
마음속에 쌓인 그리움 모아
사랑의 공든 탑을 쌓는다

아, 쓰디쓴 영광이여

정녕 사랑하는 이와 함께
기쁨을 나눌 수 있는
삶의 축복은 어디쯤에 있을까

어찌 전할 수 없는 맘
가슴속으로 홀로 쌓아 온
그리움의 탑을 허물 수도 없다

아, 고뇌의 씨앗이여

훗날에 빛날 후광도 모르면서
약속 없이 백년을 기다려야 하는
그리움만이 쌓이는구나

악연

많은 밤 혼자
저미는 가슴 아우르며
힘들게 놓아 버린
인연의 끈이었는데
왜 또 생각을 할까

마음이 아파지고
가슴도 저미어 오니
어찌해야 할지
분별이 서지 않는다

차라리 그때처럼
미움이라도 있다면
새삼스레
기억되지 않으련만

얼마나 세월을 보내야
애쓰지 않아도
미워하지 않아도
그 사람의 흔적을
지울 수 있는 것일까

값진 대가

그대 좋아하는 마음이
정녕 진실이겠거니
그냥 믿어주십시오

말없이 바라보는 눈빛은
그대만을 사랑하리라는
무언의 맹세입니다

지금 침묵하는 것은
사랑으로 얻은 환희만큼
아픔을 치러야 하는
값진 대가를 알기 때문입니다

그러하여 아픔을 보상 받을
그날만을 기다리며
사랑하지는 않습니다

다만 운명의 굴레에서
벗어날 수 없는 나는
마음속에 더 큰 생채기를
키우고 있기 때문입니다

진실

혹여 당신 귀로
나의 진실을
확인하려 들지 마십시오

당신이 내 말에 귀 기울인다면
얄팍한 나의 입술이
나약한 당신 귀에
최면을 걸으려 할 것입니다

굳이 당신도
나에게 그 진실을
말하려 하지 마십시오

진실은 꼭 말로 하지 않아도
오로지
눈빛과 가슴끼리는 통하며
느껴지는 것이라 합니다

황혼

나는 물때 놓친 고깃배
갈매기조차
훌쩍 떠나버린 갯벌 위에
덩그러니 누워
찰싹 찰싹
멀리서 들려오는
파도소리에 향수만 달랜다

아, 한때는
넘실대는 파도를 가르며
바다를 질주하던
그런 기상도 있었거늘
어느덧 열정의 시절은 가고
그지없는 추억만 남아
가슴만 울리고 있구나

내 뜻이 아니기에

이 세상에 태어나
이름 석자 얻어 살다가
어느 날 초라하게
생을 하직하든 말든…

나 죽어 하잘것없는 육신
차가운 땅속에
혼자 쓸쓸히 묻혀
흔적 없이 사라지든 말든…

내 영혼 갈 곳 몰라
하늘을 떠돌며
여기 저기 유랑하다가
잊혀지는 넋이 되든 말든…

요람에서 무덤까지
세상사 모두가
내 뜻하고는 상관없이
이뤄지오만…

나 이제 그대를 알아
가까이 하고픈 마음은
오직 내 뜻으로만
사랑하는 마음이랍니다

한 사람

어둠을 헤집고 별빛이
정념을 태우는 가슴으로
스르르 스며드는 밤에
어디선가 나직이 들려오는
별들의 연가…

이 밤에 당신은
어떤 소망을 꿈꾸면서
어느 별자리에 머물러
누구를 위하여
반짝이고 있습니까?

그리움으로 각인된
당신 모습이
영롱한 별빛으로 쏟아져
고독한 내 가슴
고요의 숲을 덮어 놓습니다

한 송이 꽃을 정성껏 피우는
민들레의 마음처럼
내 마음에도 간직해 놓은
사랑의 심지 하나
밤마다 그리운 등불로 켜둡니다

간절한 기도

눈을 뜨고 무슨 일을 하여도
귀를 열고 어떤 말을 들어도
항시 당신을 그려 생각합니다

온종일 온 마음 당신을 위해
내가 존재함을 알고 수시로
행복과 슬픔이 교차됩니다

이제 나로 하여금 애타게
당신을 그리워한다는 것이
하나의 사랑인 것을 알았습니다

애태우고 그리워하는 마음
어찌하여 나 혼자서
단련시켜야 하는 사랑일까요

일상 속에서 떨칠 수 없는
당신을 홀로 그리며 밤마다
마음속에 탑 쌓기를 합니다

당신에게 무엇으로
한보따리 행복과 기쁨을
드릴 것인지 알지 못하지만…

마음 다 열어 표현 못하는
내 사랑 당신 못잖은 슬픔을
아마 당신은 모르시겠죠

당신과 함께 하지 못한
지난밤이 나에게는
또 허전함으로 남습니다

작별하지 않아도 될 시간들이
빨리 왔으면 하고 간절히
기도 올릴 뿐이랍니다

수호천사

나의 천사여!
그대는 언제까지 나에게
손을 흔들며 헤어져야 하는
석별의 아픔을
또 주시려 하시나요

그대에게 드리는 사랑이
거짓만 없다면
정녕 미워하지 않으리라는
약속을 잊지는 않으셨겠죠?

혹여 나에게서 그대가
섭섭함을 느끼셨다면
너그러운 가슴으로
큰 잘못을 용서하여 주시고
미워하는 마음의 앙금도
믿음으로 거두어 주십시오

사랑의 천사여!
나는 외로운 가슴을

잠시 위로할 생각으로
그대를 이토록
사랑하는 것은 아닙니다

그대를 상상하는 것만으로도
사랑에 까막눈이 된 나는
내 앞에 닥쳐올
어떤 운명도 보이지 않습니다

다만 의지하고 상관없이
낯선 운명이 정해주는 대로
사랑을 다스려야 하는
깊은 고뇌 속에
소망이 남루해지는 것을
마음 졸이고 있답니다

마음의 천사여!
그대는 오직
나의 수호천사입니다

홀로 가는 길

어디로 가고 있나?
뜻 없이 저무는 세월의 들녘
검은 베일로 가려진 삶
저만큼 뒤편의 미지는
아무것도 말하지 않는다

나를 밝히던 뜨겁던 정열
어느덧 서산 넘어 저물고
어둠은 정열이 쇠약해 버린
소망의 빛을 까닭 없이 덮는다

내린 눈 위에 또 눈이 쌓이듯
눈처럼 가슴에
겹겹이 쌓이는 추억들
이렇게 아쉬움으로
그냥 묻어두고 가야만 하나…

열정으로 피었던 순수의 불꽃들
수없는 밤을 마음만 태웠고
나는 여기에 무얼 남기고
멈출 수 없는 세월의 열차에 실려
생의 어느 역쯤 여정의 길을
덧없이 달리고 있는 것일까?

묵시록

별과 나 사이에 어둠을 뚫고
침묵만이 흐르는 이 밤
나는 그리움 날개 펼쳐
새처럼 하늘을 난다

온 누리 잠들어
고요롭기만 한데
잠 못 드는 내 마음만이
홀로 허공을 떠돈다

말 못할 그리움들
봇물 터진 듯 가슴속에
아프게 밀려드는 외로운 밤
이루고 싶은 기도가 있다

끝없는 창공으로 기도 울려
나의 소망 하늘에 닿고
별 하나에 축복 담기어
내 사랑은 평화 내리려라

사랑의 순례자

아스라이
밀려드는 외로움

은은하게
부풀어 오르는 그리움

가슴속에
아롱아롱 맺힘이여

외로움도 그리움도
모두 다스릴 수 있는 것은
사랑이건만…

손을 내밀어도
잡아주는 이 없다

아, 가슴은
뜻을 전할 곳 없는
순례자의 황량함이로다

서러운 영광

사랑은 나에게
서러운 영광
외로운 긴 기다림의 시작
애지를 향한 소망들이
여지없이 깨어지고 마는
허상 속의 꿈들

내게 남는 것은
아쉬움으로 쌓여버린
또 한번의 아픔과
슬픈 추억의 흔적만 남는다

지금은 소리없이 타오르는
그리움의 불을
조용히 꺼야만 하는 시간
북받치는 그리움을
혼자 체념해야 하는
서러운 가슴

가슴속에 남는 것은
허탈의 회오리에 휩쓸리는
또 다른 공허함과
견딤의 몸부림만 남는다

후기

시를 쓰는 것이란
세상에 흩어진 구슬을
한알한알 모아
아름다운 목걸이로 엮는
고된 작업과 같다
만약 당신이 읽은
짧은 시 한 소절에서도
감정에 동요를 다소 느꼈다면
당신은 여릿한 가슴을 지닌
시인이기 때문이다

백송 신정현